NHK きょうの料理

きょう・すぐ・レシピ 8

卵大活躍！

目次

●本書は『NHKきょうの料理』のテキストをもとに再編集したものです。放送用テキストではありません。
●本書で使用している計量カップは200㎖、計量スプーンは大さじ＝15㎖、小さじ＝5㎖です。1㎖＝1ccです。
●本文中で示した電子レンジの調理時間は500Wのものです。600Wの場合は2割減で、400Wの場合は2割増しにしてください。
●Eは1人分のおよそのエネルギーを表し、Tはおよその調理時間を表します。

卵

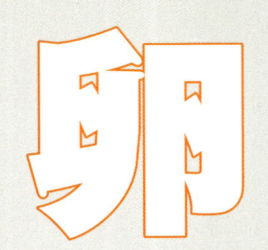

◎1日1コは食べたい良質のたんぱく源

最近、コレステロールを気にして卵を食べない人が増えているそうです。確かに卵は1コ当たり250～300㎎のコレステロールを含みますが、卵には良質のたんぱく質のほかに、ビタミンA・B・D群や、鉄分・カルシウムなどのミネラルも豊富。コレステロールの多いほかの食品を減らしても食べたいほど栄養価が高いのです。たんぱく質も良質さにおいて右に出る食品はほかになく、人間の体内において合成することのできない必須アミノ酸のすべての種類を含んでいます。コレステロールが多いとはいえ、卵にはコレステロールを下げるレシチンが含まれているため、実際には卵1コを食べても血中コレステロールに与える影響はほんのわずか。コレステロール値が高い人を除けば、毎日1コはとるようにしたいものです。

◎鮮度の見分け方

卵を割ってみると鮮度のよしあしがよくわかります。卵黄とその周りの濃厚卵白が高く盛り上がっているものほど新鮮で、古くなるにしたがって卵黄は平たくなり、濃厚卵白は水っぽくなって横に広がってきます。外観から鮮度を見分ける決定的な方法はないので、回転の早い信頼のおける店で、表示してある賞味期限を見て、早めに使いきれる量だけを購入するようにします。

◎上手な保存の仕方

卵は15℃くらいの常温でも2～3週間はもちますが、冷蔵庫で保存すればさらに長もちします。卵の丸いほう(鈍端)には気室があり、丸いほうを上にして立たせておくと、卵黄が中心部に安定して長もちします。殻にヒビが入ったものは鮮度が落ちやすいのですぐに使うようにし、殻を水でぬらすと雑菌が入るので買った卵を洗うのは厳禁。汚れが気になる場合は乾いた布でふくようにします。また、においを吸収しやすいので、においの強い食品のそばには置かないようにします。

◎強化卵、有精卵、有色卵の違い

飼育方法や飼料などの違いによる特殊卵がいろいろあります。ヨード卵は親鶏のえさにヨウ素を加えて卵のヨード分を強化した卵で、一般の卵のヨード分の約20倍を含みます。ヨードはコレステロールを下げたり、脂質代謝をスムーズにする効果があります。ほかにビタミンEを強化したものや、ドコサヘキサエン酸などの栄養分を加えた強化卵もあります。一方、雄鶏と交尾した雌鶏の卵である有精卵や、鶏の品種の違いによる赤玉、薄赤玉・青玉などの有色卵がありますが、こちらは一般の卵と栄養成分に差はありません。

厚焼き卵

砂糖としょうゆをきかせた甘辛の卵焼き。短時間で焼くのがコツです。

材料(4人分)

卵……5コ

- だし……カップ⅓
- 砂糖(あれば三温糖)……大さじ3
- しょうゆ……小さじ2
- 塩……少々

●サラダ油

E130kcal　T10分

1 ボウルに卵を割り入れ、カラザを除き、菜ばしで泡立てないようにほぐす。カッコ内の材料を順に加えて混ぜ、こし器でこす。

2 卵焼き器を中火で温め、サラダ油を含ませた紙タオルでふく。ぬらしたふきんの上に置いてジュンと音が立つくらいになったら、①の卵液を玉じゃくしに八分《ぶん》目ほど流す。

3 手早く全体に広げ、プツプツふくらんできたらはしで軽くつつき(写真❶)、手早く手前に巻く。

4 卵を向こう側に寄せ、あいたところをサラダ油を含ませた紙タオルでふき(写真❷)、再び卵液を流す。巻いた卵の下にも手早く卵液を広げ(写真❸)、はしで混ぜて半熟に火を通し、手前に巻く。これを繰り返して焼き、端に寄せて形を整えながら表面を色よく焼く(写真❹)。

5 ④を食べやすく切って器に盛る。あればオクラをサッとゆで、おかかじょうゆであえたものを添える。

メモ　砂糖が多めに入っているので焦げやすいが、火加減は中火のまま手早く焼くのがコツ。弱火で時間をかけて焼くと、ふっくらとした焼き上がりにならないので注意。(大久保)

1
プクプクふくらんできたら軽くつつき、卵液に均一に火を通す。

2
巻いた卵を向こう側に寄せ、サラダ油をぬる。巻いた卵の下もぬる。

3
再び卵液を流し、巻いた卵の下にも手早く流し入れる。

4
卵液を全部焼いたら卵を端に寄せ、形を整えながら表面全体に焼き色をつける。

桜えびとほうれんそうの卵焼き

栄養豊かな具をたっぷり巻き込んだ、ボリューム満点の厚焼き卵。

材料(4人分)

卵……6コ
桜えび(乾)……15g
ほうれんそう……80g
- だし……カップ⅓
- うす口しょうゆ……小さじ1½
- みりん……小さじ1½
- 塩……小さじ¼

大根おろし……100g
●塩・サラダ油

E150kcal　T15分

1 ほうれんそうは塩少々を入れた熱湯でサッとゆで、水にとって冷めたら水けを絞り、細かく刻む。

2 ボウルに卵を溶きほぐし、カッコ内の材料を順に加えてよく混ぜ、ほうれんそうと桜えびを加えて混ぜる。

3 ②を２回に分けて焼く。卵焼き器を強火にかけてサラダ油を薄くひき、卵液を４回に分けて流しながら厚焼き卵の要領で焼く。巻きすにとって形を整え、４～５分間おいて落ち着かせてから６等分に切る。残りの卵液も同様にする。

4 器に盛り、大根おろしを添える。

(田口)

明太巻き卵

ピリッと辛い明太子を芯《しん》にした厚焼き卵。お父さんのお弁当のおかずにぴったり。

材料(4人分)

卵……4コ
からし明太子……80g
あさつき……3本
┌だし……大さじ2
│酒……大さじ⅔
└うす口しょうゆ……大さじ½
●サラダ油

E120kcal　T10分

1 明太子は縦半分に切る。あさつきは小口切りにする。

2 ボウルに卵を溶きほぐし、カッコ内の材料を順に加えて混ぜ、あさつきを混ぜる。

3 卵焼き器を中火で熱してサラダ油を薄くひき、卵液の⅓量を流し入れて全体に広げ、半熟になったら明太子を芯《しん》にして手前に巻き込む。

4 卵を向こう側に寄せ、サラダ油を薄くひき、卵液を2回に分けて流しながら厚焼き卵の要領で焼く。

5 巻きすにとって形を整え、食べやすく切って器に盛る。あれば菜の花をサッとゆでて添える。　(武蔵)

あなご巻き卵

う巻きならぬあなご巻き。甘辛のこっくりしたたれがよく合います。

材料(4人分)

卵……5コ

- だし……カップ½
- うす口しょうゆ……小さじ2

あなご(開いたもの)……2匹(170g)

みつば……1ワ

切りのり……適宜

●酒・うす口しょうゆ・砂糖・かたくり粉・サラダ油

E260kcal　T20分

1 なべに酒カップ¾、うす口しょうゆ大さじ4、砂糖大さじ3½を合わせて煮立て、あなごを入れて2～3分間煮る。あなごは粗熱が取れたらザク切りにする。煮汁は少し煮詰め、倍量の水で溶いたかたくり粉適量でとろみをつけ、たれにする。

2 みつばはザク切りにする。

3 ボウルに卵を溶きほぐし、カッコ内の材料を加えて混ぜる。

4 卵焼き器を熱してサラダ油を薄くひき、卵液を玉じゃくしに八分《ぶん》目ほど流して広げ、半熟になったらあなご適量を芯《しん》にして手前に巻く。卵を向こう側に寄せ、油を薄くひき、再び卵液を流し、みつばを散らして手前に巻く。同様にしてあなごとみつばを交互に巻き込みながら焼き、巻きすにとって形を整える。

5 食べやすく切って器に盛り、①のたれをかけ、切りのりをのせる。

(久田)

ひじき入り卵焼きのみつばあんかけ

ひじきを煮る時間がかかりますが、黒・黄・緑の彩りが美しい一品です。

材料(4人分)

卵……4コ
ひじき(乾)……10～15g
だし……カップ2
みつばあん

- みつば……6本
- だし……カップ2
- 塩……小さじ⅓
- 酒……小さじ2
- かたくり粉……大さじ1
  (倍量の水で溶く)
- しょうが汁……小さじ1
- うす口しょうゆ……小さじ1

●砂糖・しょうゆ・みりん・サラダ油

E130kcal　T40分

1 ひじきは水につけて戻し、水けをきる。だしで10分間ほど煮てから砂糖大さじ1強、しょうゆ大さじ2を加え、さらに10分間ほど煮てみりん大さじ1を加え、5分間煮る。

2 ボウルに卵を溶きほぐし、①の汁けをきって混ぜる。

3 卵焼き器を熱してサラダ油を薄くひき、②を3回に分けて流しながら厚焼き卵の要領で焼き、食べやすく切って器に盛る。

4 みつばあんをつくる。みつばは1cm長さに切る。なべにだしを入れて温め、塩と酒を加え、水溶きかたくり粉でとろみをつける。しょうが汁とうす口しょうゆを加え、みつばを散らし、③にかける。　(望月)

かき入り卵焼き

十分に熱した油で七分《ぶ》どおりに焼くと、かきも柔らかく、フワッとした口当たりになります。

材料(４人分)

卵……5コ
かき……150g
ねぎ……⅓本
細ねぎ……⅕ワ
合わせ調味料
- 酢……大さじ2
- 水……大さじ6
- トマトケチャップ……大さじ2
- 砂糖……大さじ1
- 塩……小さじ½
- ラーユ……少々
- かたくり粉……小さじ1（倍量の水で溶く）

●塩・かたくり粉・酒・こしょう・サラダ油

E231kcal　T15分

1 かきは塩小さじ１、かたくり粉大さじ２をまぶし、指先で軽くこするようにして汚れを取り、そっと水洗いする。塩少々を入れた熱湯でサッとゆで、ざるに上げて水けをきる。

2 ねぎは小口から薄切りにし、細ねぎは小口切りにする。

3 ボウルに卵を溶きほぐし、塩・酒・こしょう各少々を加えて混ぜ、ねぎとかきを加える。

4 中華なべを煙が出るほど熱し、サラダ油大さじ３を入れてさらに熱し、③を一度に流す。周りが固まってきたらへらで返し、七分どおり火が通ったら器に盛る。

5 ④の中華なべに合わせ調味料を入れて火にかけ、火が通ってとろみがついたら④にかけ、細ねぎを散らす。

★献立の一品★

蒸し野菜の黒ごまソース

材料(4人分)

里芋……4コ
にんじん……(小)1本
ブロッコリ……(小)1コ
ごぼう……80g
黒ごま……大さじ1
練りごま(黒)……大さじ1
酒……大さじ1
砂糖・しょうゆ……各小さじ2
ごま油……小さじ2

E140kcal　T20分

1 里芋は皮を厚くむき、紙タオルでぬめりをふき取る。にんじんは乱切り、ブロッコリは小房に分け、ごぼうは皮をこそげて5㎜幅の斜め切りにする。

2 蒸気の上がった蒸し器にブロッコリ以外の野菜を入れて強火で蒸し、里芋に火が通ったらブロッコリを入れ、2～3分間蒸す。

3 カッコ内の黒ごまを粗ずりにし、残りの材料と合わせて混ぜる。

4 器に野菜を盛り、③をかける。

メモ　野菜は蒸すかわりに、ゆでてもよい。　(以上河村)

切り干し大根の卵焼き

切り干し大根は堅めに戻すこと。歯ざわりのよさを楽しむ卵焼きです。

材料(4人分)

卵……2コ

切り干し大根(乾)……50g

豚こま切れ肉……80g

ねぎ(みじん切り)……大さじ1

にんにく(みじん切り)……小さじ1

たれ

- コチュジャン……大さじ2
- 酢……小さじ1

●ごま油・塩・こしょう・サラダ油

E180kcal　T25分

1 切り干し大根はたっぷりの水でよくもみ洗いし、しんなりしたら水けを絞り、2㎝長さのザク切りにする。これをフライパンでいりつけ、水けをとばして取り出す。

2 ①のフライパンにごま油小さじ1を熱し、ねぎとにんにくをいためて香りを出し、豚肉をいためて火を通す。①の切り干し大根を戻し、サッといため合わせて軽く塩、こしょうをふり、ボウルにとる。

3 卵を溶きほぐし、②に加えてよく混ぜる。

4 フライパンを熱してサラダ油を薄くひき、③を$\frac{1}{4}$量ずつ丸く流して両面を色よく焼く。よく混ぜたたれをつけて食べる。　(上村)

エシャロットと明太子のいり卵

エシャロットと明太子が食欲をすすめる、ご飯のおかずになるいり卵。

材料(4人分)

卵……6コ

らっきょうエシャロット……10本

からし明太子……1腹

●サラダ油

E230kcal　T5分

1 エシャロットは根と葉を切り落とし、斜め薄切りにする。明太子は薄皮に切り目を入れ、包丁の先で中身をしごき出す。

2 ボウルに卵を溶きほぐし、①を加えて混ぜる。

3 中華なべにサラダ油大さじ2～3を熱し、強火で軽く煙が出るくらいに熱したら②を一度に流し入れる。一呼吸おいて大きく混ぜ、卵にほぼ火が通ったら器に盛る。　(清水)

キャベツ入りスクランブルエッグ

キャベツどっさりでボリューム満点。しかも経済的です。

材料(4人分)

卵……6コ

キャベツ……½コ(450g)

ベーコン……4枚

顆粒スープの素……少々

●塩・こしょう・バター

E310kcal　T15分

1 キャベツはせん切りにし、ベーコンは長さを半分に切る。卵は溶きほぐして塩・こしょう各少々を混ぜる。

2 フライパンにベーコンを並べ入れて弱めの中火にかけ、両面がカリカリになるまで焼いて紙タオルの上にとる。

3 フライパンをきれいにしてバター大さじ4を溶かし、キャベツを入れて中火でしんなりするまでいため、塩小さじ½、こしょう少々、スープの素で味を調える。

4 ③に卵を回し入れてかき混ぜ、好みの堅さに卵に火が通ったら器に盛る。ベーコンをのせ、好みで粗びきこしょうをふる。　(松田)

夏野菜のスクランブルエッグ

野菜の甘みがおいしく、野菜の水けで卵の口当たりも柔らか。

材料(4人分)

卵……4コ
トマト……1コ
たまねぎ……$\frac{1}{2}$コ
ピーマン……1コ
食パン(8枚切り)……2枚
にんにく……$\frac{1}{2}$かけ
●サラダ油・塩・こしょう・バター

E240kcal　T15分

1 卵は溶きほぐす。トマトはヘタを取って横半分に切り、種を除いて5～6㎜角に切る。たまねぎ、ピーマンもトマトの大きさに切る。

2 フライパンを熱してサラダ油大さじ2をなじませ、たまねぎ、ピーマンを弱火でしんなりするまでいためる。トマトを加えてサッといため合わせ、塩小さじ$\frac{1}{2}$、こしょう少々で味を調える。

3 続けて強火にし、溶き卵を一気に流し、固まりかけたら大きくいため、やっと固まるくらいに火が通ったら器に盛る。好みでホットペッパーソースをかける。

4 食パンは適宜に切り、にんにくの切り口をこすりつけてバターを薄くぬり、カリッとトーストしてスクランブルエッグに添える。　(渡辺)

プレーンオムレツ

サラダ油で焼いてバターは仕上げにからませる、初心者にも失敗なく焼ける方法です。

材料(4人分)

卵……8コ

牛乳……大さじ8

●サラダ油・塩・こしょう・バター

E280kcal　T10分

1 フライパン(直径18～20㎝)にサラダ油を多めに入れて火にかけ、油を全体に行き渡るように回しながら十分に熱してなじませる。

2 1人分ずつ焼く。ボウルに卵2コを割り入れ、菜ばしで白身を切るように溶きほぐし(写真❶)、牛乳大さじ2、塩一つまみ、こしょう少々を加えて混ぜる。

3 ①の油を大さじ½ほど残してあけ、強めの中火で煙が少し立つくらいに熱し、卵液を一気に流す。一呼吸おいて菜ばしで大きくゆっくりかき混ぜ(写真❷)、底が固まりかけて上が半熟になったら、柄を持ち上げて卵を一気に向こう端に寄せ、フライパンの手前を菜ばしでトントンと強くたたいて卵を自然に回転させる(写真❸)。

4 形が整って表面全体が焼けたら、バター小さじ2程度を入れて手早く卵全体にからませ(写真❹)、器に盛る。好みで青みをあしらい、トマトソースやトマトケチャップをかけてもよい。残りも同様にして焼く。

(大久保)

菜ばしをボウルの底につけて縦横に動かすようにすると、泡が立たずに白身が切れる。

卵液を一気に流したらすぐにかき混ぜないで、一呼吸おいてから大きくゆっくりとかき混ぜる。

手前を菜ばしでトントンと強くたたいて卵を回転させ、縁の丸みを利用して形を整える。

バターを全体にからませる。手早くしないと余熱で火が通り、卵が堅くなるので注意。

帆立てのジャンボオムレツ

大きくまとめ焼きにしてボリューム満点。買いおきできる帆立て缶で。

材料(4人分)

卵……6コ

- だし・みりん……各大さじ2
- 砂糖・うす口しょうゆ・酒……各大さじ1
- 塩……小さじ⅓

帆立て貝柱(水煮缶)……1缶(正味50g)

細ねぎ……½ワ

焼きのり……1枚

●サラダ油

E200kcal　T10分

1 卵はボウルに溶きほぐし、カッコ内の材料を加えて混ぜる。

2 帆立て貝柱は缶汁をきって粗めにほぐす。細ねぎは小口切りにし、焼きのりは小さくちぎる。以上を①に加えて混ぜる。

3 フライパンを熱してサラダ油大さじ１を全体になじませ、②を一度に流し入れる。周りが固まってきたら大きく混ぜて平らにし、火を弱めてふたをし、３～４分間焼く。

4 ふたに裏返してとり、すべらせるようにしてフライパンに戻し、軽く焼く。器にとり、切り分けて食べる。

(杵島)

きのこのオムレツ

きのこたっぷりのドミグラスソースをかけたら、オムレツがごちそうに変身。

材料(４人分)

卵……8コ

きのこソース

- しめじ……１パック
- 生しいたけ……１パック
- たまねぎ……½コ
- 塩・こしょう……各少々
- ドミグラスソース……1缶(290g)
- 水……カップ１
- 赤ワイン……カップ¼

●サラダ油・塩・こしょう・バター

E390kcal　T20分

1 しめじは石づきを除いて小房に分け、しいたけは石づきを除いて縦４つから６つに切る。たまねぎは薄切りにする。

2 フライパンを熱してサラダ油大さじ１をひき、たまねぎ、しめじ、しいたけを入れて油が回るまでいためる。塩、こしょうして、ドミグラスソース、水、赤ワインを加え、トロリとするまで中火で煮詰める。

3 １人分ずつオムレツをつくる。ボウルに卵２コを溶きほぐし、塩・こしょう各少々を混ぜる。フライパンを熱してサラダ油・バター各大さじ½を入れ、卵液を流し入れ、周りが固まりかけたら大きく混ぜ、半熟になったらフライパンの縁に寄せてオムレツ形に整え、返して器にとる。残りも同様につくる。

4 オムレツに熱いきのこソースをかけ、あればパセリのみじん切り少々をふる。

(石原洋)

南仏風オープンオムレツ

野菜をいため煮にしたところに卵を流して焼く、形づくらないオムレツです。

材料(４人分)

卵……4コ

たまねぎ……½コ

ピーマン……3コ

トマト……3コ

なす……2コ

にんにく(みじん切り)……１かけ

●サラダ油・塩・こしょう

E160kcal　T20分

1 たまねぎは薄切り、ピーマンはヘタと種を除いて細切りにする。トマトは皮をむいてザク切りにし、なすは皮をむいて一口大に切る。

2 フライパンを熱してサラダ油大さじ１をひき、たまねぎをしんなりするまでいため、ピーマン、なすを加えていため合わせる。さらにトマト、にんにく、塩・こしょう各少々を加えてふたをし、弱火で野菜が柔らかくなり、水分がほぼなくなるまで蒸し煮にする。味をみてもう一度、塩、こしょうで調える。

3 卵を溶きほぐして②に流し入れ、火を強めて好みの柔らかさに火を通す。

★献立の一品★

ズッキーニの冷たいスープ

材料(４人分)

ズッキーニ……2本

クリームチーズ……100g

牛乳……カップ１

●塩・こしょう

E140kcal　T5分*

＊スープを冷やす時間は含まれない。

1 ズッキーニはミキサーにかけやすい大きさのザク切りにする。

2 ミキサーにズッキーニ、クリームチーズ、牛乳、塩・こしょう各少々を入れ、なめらかになるまでかける。冷水約カップ２を濃度をみながら加減して加え、さらにサッとかける。

3 味をみて足りなければ塩で調え(やや強めの味つけにする)、よく冷やす。

(以上三村)

スペイン風オムレツ

じゃがいもをたっぷり入れた、塩味の、しっかり焼くオムレツです。

材料(4人分)

卵……4コ

じゃがいも……4コ(550g)

たまねぎ……⅓コ

●塩・オリーブ油(またはサラダ油)

E120kcal　T25分

1 じゃがいもは皮をむいて4つに切り、3㎜厚さのいちょう切りにして水に5～6分間さらし、水けをよくふく。たまねぎはみじん切りにする。

2 卵は大きめのボウルに溶きほぐし、塩小さじ⅓を混ぜておく。

3 フライパンを熱して油カップ2を入れ、170℃くらいに温まったらじゃがいもを入れ、時々混ぜながら色づくまで火を通す。フライパンにふたをかぶせ、注意して油だけを別容器に移す。

4 ③にたまねぎを加えてしんなりいため、塩小さじ⅔で味を調える。これをすぐに卵液に加え、熱で卵をトロリとさせる。

5 フライパンを再び熱して油大さじ2をひき、中火にして④を流し、木べらで丸く形づくりながら焼き色をつける。ふたを使って裏返して同様に焼き、再びこれを2回ほど繰り返してしっかり火を通す。

6 切り分けて器に盛り、あれば好みの青みを添える。

★献立の一品★

あじのマリネ

材料(4人分)

あじ(三枚おろし)……4匹分

新たまねぎ……½コ

ピーマン(赤・黄・緑)……各½コ

マリネ液

- にんにく(すりおろす)……少々
- 粒マスタード……大さじ1
- 塩……小さじ1強
- こしょう……少々
- レモン汁・白ワイン……各大さじ4
- オリーブ油……大さじ8

●塩・こしょう・小麦粉・揚げ油

E450kcal　T20分*

*冷ます時間は含まれない。

1 たまねぎ、ピーマンは細切りにする。ボウルにマリネ液の材料を順に入れてよく混ぜ、先の野菜を加えて混ぜ合わせておく。

2 あじは腹骨をそぎ取り、軽く塩、こしょうをふり、小麦粉を薄くはたきつける。これを170℃の揚げ油でカラッとなるまでじっくりと揚げる。

3 あじの油をきって順にマリネ液に入れてからめ、そのまま冷まして味をなじませる。　(以上大久保)

そぼろオムレツ

甘辛のそぼろをはさんだ和風味のオムレツ。大根おろしが合います。

材料(4人分)

卵……5コ

そぼろ

- 鶏ひき肉……150g
- 酒……大さじ2
- しょうゆ……大さじ1
- 砂糖……大さじ1
- しょうが汁……小さじ1

大根おろし……適宜

細ねぎ(小口切り)……少々

●塩・サラダ油

E210kcal　T15分

1 なべにそぼろの材料を合わせてよく混ぜ、中火にかけてはしで混ぜながら、汁けがほぼなくなるまでいりつける。

2 卵は溶きほぐして塩少々を混ぜる。

3 フライパンを熱してサラダ油大さじ1をなじませ、卵液を一度に流し、周りが固まってきたら大きくかき混ぜる。半熟に火が通ったら①のそぼろを卵の手前半分にのせ、そぼろが見えるよう向こうの卵をかぶせる。

4 器にすべらせるようにして盛り、細ねぎを混ぜた大根おろしを添える。

(内藤)

納豆とチーズのオムレツ

納豆と卵を泡立つまで混ぜると、フワフワの焼き上がりになります。

材料(4人分)

卵……8コ

納豆……4パック(200g)

ピザ用チーズ(細切り)……60g

細ねぎ(小口切り)……5〜6本

●バター・しょうゆ

E390kcal　T15分

1 1人分ずつつくる。ボウルに納豆1パックを入れてかき混ぜ、卵2コを割り入れ、はし4〜5本で5分間ほどかき混ぜる。これにチーズの¼量を加えて混ぜる。

2 樹脂加工のフライパンを熱してバター小さじ1を溶かし、中火で①の卵液を流し入れる。周りが固まってきたらはしで大きく混ぜて半熟に火を通し、フライパンの縁に寄せてオムレツ形にし、返して器にとる。

3 オムレツの上にバター小さじ1〜2をのせ、しょうゆ少々をかけ、細ねぎを散らす。同様にして4人分つくる。　(瀬尾)

お好み焼きオムレツ

お好み焼きのように焼いた、たっぷりのキャベツがおいしいオムレツ。

材料(4人分)

卵……6コ
キャベツ……400g
豚薄切り肉……300g
顆粒スープの素……小さじ½
とんかつソース……適宜
マヨネーズ……大さじ3～4
パセリ(みじん切り)……大さじ1
●サラダ油・塩・こしょう・砂糖

E390kcal　T20分

1 キャベツは芯《しん》を除いてせん切りにする。豚肉は1cm幅に切る。

2 フライパンを熱してサラダ油大さじ1をひき、豚肉、キャベツの順に強火でいため、塩・こしょう各少々、スープの素で味を調える。汁けをきって粗熱を取る。

3 卵を溶きほぐし、塩小さじ½、砂糖大さじ1を加えて混ぜ、②を加えて混ぜ合わせる。

4 フライパンを熱してサラダ油大さじ1～2をひき、③を一気に流し入れ、中火で半熟になるまではしで大きくかき混ぜる。丸く形を整えながら卵が固まるまで焼き、下の面に焼き色がついたら裏返し、同様に焼き色をつけて焼き上げる。

5 器に盛ってとんかつソースをぬり、マヨネーズとパセリを混ぜてかける。

★献立の一品★

ブロッコリとかぶの梅あえ

材料(4人分)

ブロッコリ……1コ
かぶ……(大)3コ
だし……カップ2
梅だれ
　梅干し……(大)4コ(正味40g)
　だし……大さじ2
　酒……大さじ2
　しょうゆ……小さじ2
●塩

E45kcal　T15分

1 ブロッコリは小房に分け、太い茎は皮を厚めにむいて食べやすく切る。塩少々を加えた熱湯に茎から入れて堅めにゆで、ざるにとって冷ます。

2 かぶは葉を切り落として皮をむき、縦6つに切る。だしに塩小さじ½を加えて煮立て、かぶを入れて2分間ほどゆで、ざるにとって冷ます。

3 梅だれをつくる。梅干しの種を除いて果肉を包丁で細かくたたき、だし、酒、しょうゆと合わせる。

4 ①と②が冷めたら梅だれであえる。

(以上松田)

グリンピースとえびの卵とじ

くず煮を卵でとじるので口当たりが柔らか。3つの素材の彩りも美しい。

材料(4人分)

卵……2コ
グリンピース……(正味)150g
えび……(正味)150g
煮汁
- だし……カップ1
- 酒……大さじ1
- みりん……大さじ2
- うす口しょうゆ……大さじ1½

●塩・かたくり粉

E140kcal　T25分

1 グリンピースは塩少々を加えた熱湯で4～5分間ゆで、冷水にとる。えびは背ワタを抜き、殻をむく。卵は溶きほぐす。

2 煮汁の材料を平なべに入れて煮立て、水けをきったグリンピースを加えて弱火で7～8分間煮、えびを加えて色が変わる程度にサッと煮る。かたくり粉大さじ1を倍量の水で溶き、様子を見ながら加えて薄くとろみをつける。

3 ②に溶き卵を回し入れ、半熟に火が通ったら火を止める。煮汁ごと器に盛る。　(尾身)

蒸し帆立ての卵とじ

小粒の蒸し帆立てなら、切らずにそのまま使えます。

材料(４人分)

卵……３〜4コ
蒸し帆立て貝……(小)16〜20コ
えのきだけ……１袋
糸みつば……少々
煮汁
- だし……カップ1〜1½
- しょうゆ……大さじ4
- みりん……大さじ4
- 塩……一つまみ

E220kcal　T15分

1 帆立て貝は貝柱の両面に細かく格子状に切り目を入れ、味をしみやすくする。

2 えのきだけは根元を落とし、長さを２〜３等分に切る。みつばは１〜２cm長さに切る。卵は溶きほぐす。

3 浅い土なべ、または平なべに煮汁の材料を入れて煮立て、帆立て貝とえのきだけを加え、静かに煮立つ火加減で４〜５分間煮る。

4 ③の火を強めて溶き卵を回し入れ、半熟になったら火を止めてみつばを散らす。煮汁ごと器に盛る。(門間)

車麩とみつばの卵とじ

おいしい煮汁をたっぷり含む麩は、卵とじによく合う素材です。

材料(4人分)

卵……4コ

車麩《ぶ》……(大)6コ

みつば……1ワ

煮汁

- だし……カップ3
- 砂糖……大さじ2
- 酒……大さじ2
- みりん……大さじ2
- うす口しょうゆ……大さじ4

E170kcal　T15分

1 車麩はたっぷりの水につけて落としぶたをし、水けを含んで柔らかくなったら手のひらにはさんでしっかりと水けを絞り、一口大に切る。

2 みつばは根を落として3～4cm長さに切る。卵は溶きほぐす。

3 土なべ、または平なべに煮汁の材料を入れて強火にかけ、煮立ったら車麩を散らし入れる。再び煮立ったら溶き卵を真ん中から外側に向けて回し入れ、手早くみつばを散らす。ふたをして卵が半熟になるまで煮、火を止めて1～2分間蒸らす。煮汁ごと器に盛る。

★献立の一品★

おかかチャーハン

材料(4人分)

ご飯……茶碗4杯分(600g)

削り節……2パック(8g)

細ねぎ……10本

●サラダ油・バター・しょうゆ

E420kcal　T10分

1 ご飯は冷たければ温め、細ねぎは小口切りにする。

2 中華なべを熱してサラダ油大さじ3をなじませ、バター大さじ3を入れて溶かし、ご飯を入れて木しゃもじなどで切るようにサックリといためる。

3 ご飯がパラリとしたら削り節を加えて混ぜ、しょうゆ大さじ$1\frac{1}{2}$～3をなべ肌から回し入れてサックリといため合わせ、細ねぎを散らしてひと混ぜする。　(以上清水)

絹さやの卵とじ

絹さやをたっぷり使い、シャキシャキした歯ざわりを楽しみます。

材料(４人分)

卵……２コ

絹さや……200g

煮汁

- 水……カップ１
- かつおだしの素……小さじ１
- しょうゆ……小さじ２
- 酒……大さじ１
- かたくり粉……小さじ２
  (水大さじ１で溶く)

●塩

E70kcal　T15分

1 絹さやは筋を除いて水で洗い、塩小さじ１をまぶしておく。卵は溶きほぐし、塩一つまみを混ぜておく。

2 平なべに煮汁の水を煮立て、絹さやをバラバラと散らし入れ、少し堅めに火を通す。ここにかつおだしの素、しょうゆ、酒を加え、水溶きかたくり粉を加えて、混ぜながらとろみをつける。

3 ②に溶き卵を回し入れて半熟に火を通し、火を止めて１～２分間蒸らす。汁ごと器に盛る。　(角田)

焼きあなごとみょうがの卵とじ

そのまま使える焼きあなごと、さわやかな香りのみょうがの初夏の味。

材料(4人分)

卵……(大)3コ
焼きあなご……4匹分
みょうが……4コ
煮汁
- だし……カップ2
- 酒……大さじ2
- みりん……大さじ2
- うす口しょうゆ……大さじ2

E200kcal　T10分

1 焼きあなごは2㎝幅に切る。みょうがは縦半分に切り、縦に薄切りにする。卵は溶きほぐす。

2 平なべに煮汁の材料を入れて煮立て、焼きあなご、みょうがの順に加える。再び煮立ったら溶き卵をはしに伝わらせながら回し入れ、半熟に火が通ったら火を止める。煮汁ごと器に盛る。(河野)

ちくわとじゃがいもの卵とじ

ボリュームのある卵とじを、と思ったときはこの取り合わせで。

材料(4人分)

卵……3コ

ちくわ……(大)1本

じゃがいも……2コ

にんじん……4cm

ねぎ……½本

煮汁

- だし……カップ2
- 酒……大さじ2
- 砂糖……大さじ1½
- しょうゆ……大さじ3½
- みりん……大さじ2

E190kcal　T20分

1 じゃがいもは皮をむいて短冊切りにし、水にさらしておく。にんじんも短冊切りにし、ねぎは斜め薄切りにする。

2 ちくわは4cm長さの細切りにし、卵は溶きほぐす。

3 平なべに煮汁の材料を合わせ、水けをきったじゃがいも、にんじん、ちくわを入れ、ふたをして強火にかける。煮立ったら火を弱め、野菜が柔らかくなるまで4～5分間煮る。

4 溶き卵を回し入れ、ねぎを散らし、卵が半熟になったら火を止めてふたをし、余熱で蒸らす。汁ごと器に盛る。　(杵島)

ゆり根の卵とじ

ほの甘いゆり根のおいしさに、高野豆腐を取り合わせてボリュームアップ。

材料(4人分)

卵……3コ
ゆり根……1コ(約200g)
高野豆腐……3枚
みつば……1ワ
煮汁
- だし……カップ2
- 塩……小さじ½
- 砂糖……大さじ½
- うす口しょうゆ……大さじ1強
- みりん……大さじ2

E220kcal　T30分

1 高野豆腐はバットに並べて約80℃の湯をたっぷり注ぎ、落としぶたをしてふんわりと戻す。冷めたら両手のひらではさんで水けを押し絞り、4cm長さの短冊切りにする。

2 ゆり根は1枚ずつはがして洗い、汚れている部分を切り取り、大きいものは2～3等分に切る。みつばは3～4cm長さに切る。

3 なべに煮汁の材料を入れて混ぜ、高野豆腐を入れて落としぶたをし、強火にかける。煮立ったらゆり根を加え、静かに煮立つ火加減にして15分間ほど煮る。

4 卵を溶きほぐして③に回し入れ、ひと煮立ちさせて火を止め、みつばを散らす。煮汁ごと器に盛る。

(伊藤)

かにたま

へらで4等分して裏返すので、初心者も返し損ねることがなくつくれます。

材料(4人分)

卵……5コ

たらばがに(缶詰。135g入り)……½缶

生しいたけ……5枚

ねぎ……½本

絹さや……30g

あん

- 水……カップ1
- 顆粒チキンスープの素(中国風)……少々
- 砂糖……小さじ½
- しょうゆ……小さじ1
- 酒……小さじ1
- 塩……小さじ⅓
- こしょう……少々
- かたくり粉……大さじ1(倍量の水で溶く)
- ごま油……小さじ1

●塩・こしょう・サラダ油・しょうゆ・酒

E230kcal　T20分

1 卵は溶きほぐし、かにの缶汁大さじ1、塩・こしょう各少々を加えて混ぜる。

2 かにはほぐして軟骨を除く。しいたけは石づきを取って細切り、ねぎは4cm長さに切って細切り、絹さやは筋を取って細切りにする。

3 中華なべを熱してサラダ油大さじ1をなじませ、しいたけ、ねぎ、絹さやを加えて強火でいため(写真❶)、しょうゆ・酒各小さじ1強を加える。

4 ③にかにを加えてサッといため、①の卵液を流し入れ(写真❷)、大きく混ぜて半熟に火を通す。

1

具の野菜類をいためておくと、それぞれの風味が出ておいしくなる。

2

いためた具に卵液を直接流し入れる方法なので、手早く簡単につくれる。

3

4等分に切ってから返せば初心者も失敗がなく、食べるときにも取り分けやすい。

5 なべ肌からサラダ油大さじ2を回し入れ、卵の底が焼けてきたらへらで4つに切り、1切れずつ返す(写真❸)。焼けたら器に盛っておく。

6 小なべにかたくり粉とごま油以外のあんの材料を入れ、火にかける。煮立ったら水溶きかたくり粉でとろみをつけ、ごま油で香りをつけて⑤にかける。　(大久保)

そら豆とえびの卵いため

そら豆は皮をむいて生でいためます。色鮮やかで、食感もホックホク。

材料(4人分)

卵……2コ

そら豆……(正味)100g

むきえび……100g

しょうが……½かけ

●サラダ油・酒・塩

E150kcal　T20分

1 そら豆はさやから出して皮をむき、中の豆を2枚にはがしておく。えびは背ワタを抜いて水で洗い、水けをよくふき取る。しょうがは薄切りにする。卵は溶きほぐす。

2 フライパンを熱してサラダ油大さじ2をなじませ、強火でしょうがを香りが出るまでいためる。そら豆を加え、色鮮やかになって豆の香りがするまでいため、えびを加えてサッといためる。

3 手早く酒大さじ1、塩小さじ½をふり入れ、えびの色が赤くなるまでいためる。溶き卵を流し入れ、卵の縁が固まってきたら大きく混ぜて全体にいため合わせる。　(ウー)

小松菜と卵の塩いため

カルシウム含有量が野菜ではトップの小松菜と、卵のいため物。

材料(4人分)

卵……3コ

小松菜……1ワ(400g)

きくらげ(乾)……(小)12枚

●塩・サラダ油・こしょう

E180kcal　T20分

1 きくらげは水につけて戻し、石づきを除く。小松菜は根元を切り落として洗い、4～5cm長さに切って茎と葉に分けておく。

2 卵は溶きほぐし、塩小さじ⅓を混ぜる。

3 中華なべを熱してサラダ油大さじ2をなじませ、卵液を流し入れて大きくかき混ぜ、柔らかいいり卵にして取り出す。

4 中華なべにサラダ油大さじ2を足し、塩小さじ1強を入れて混ぜ、きくらげと小松菜の茎を加えて強火でいためる。油が回ったら小松菜の葉を加えてサッといため、湯カップ1を加えて煮立て、小松菜に火が通ったらふたなどで押さえて湯をきる。

5 ④を火に戻して水けをとばし、いり卵を戻して手早くいため合わせ、こしょう少々をふってすぐに器に盛る。　(杵島)

卵とねぎのいため物

卵とねぎは相性抜群。表面はしっかり、中はしっとり焼き上げるのがポイント。

材料(4人分)

卵……4コ

ねぎ……1本

●塩・こしょう・サラダ油

E170kcal　T10分

1 ねぎは5㎜幅くらいの斜め薄切りにする。

2 ボウルに卵を溶きほぐし、塩小さじ$\frac{1}{3}$、こしょう少々、水大さじ2を加えて混ぜ合わせ、ねぎを加えてざっと混ぜる。

3 フライパンにサラダ油大さじ3を熱し、②を流し入れる。最初は強火で、菜ばしで大きくゆっくりと、ねぎがバラバラにならないようにいためる。下のほうが固まってきたら中火にし、菜ばしで4つくらいの塊にちぎる。

4 ③を裏返してしっかりと焼き色がつくまで焼き、はしで押さえたとき弾力を感じるくらいになったら火を止め、すぐに器に盛る。

★献立の一品★

いかとアスパラのあえ物

材料(4人分)

いか(胴)……300g

グリーンアスパラガス……2ワ

合わせ調味料

- 甜麺醤(ティエンメンジャン)……大さじ2
- 酒……大さじ2
- 塩……少々
- ごま油……大さじ1

●塩

E130kcal　T15分

1 いかは1㎝幅4㎝長さのそぎ切りにする。アスパラガスは根元の堅い部分を切り落とし、包丁の腹で軽くたたきつぶし、4㎝長さに切る。

2 なべに湯を煮立たせて塩少々を入れ、アスパラガスをゆでて冷水にとる。続いていかを入れてサッとゆで、ざるに上げる。

3 ボウルに合わせ調味料の材料を入れて混ぜ、水けをきったいかとアスパラガスを加えてあえる。

(以上ウー)

卵とトマトのいため物

ご飯にもパンにも喜ばれる、ジューシーで食欲をそそるいため物です。

材料(４人分)

卵……5コ

トマト(完熟)……3コ(300g)

にんにく……(小)1かけ

●塩・こしょう・サラダ油・しょうゆ・砂糖

E220kcal　T15分

1 トマトは熱湯につけてすぐ水にとり、皮をむいて６～８等分のくし形に切る。にんにくはたたきつぶしてからみじん切りにする。卵は溶きほぐし、塩・こしょう各少々を混ぜる。

2 フライパンにサラダ油大さじ３を熱して卵液を流し入れ、油をなじませるように大きくゆっくりといため、フワフワになったら取り出す。

3 ②のフライパンにサラダ油大さじ１を足し、にんにくを入れて香りよくいため、トマトを加えて強火であおるようにいためる。塩小さじ½をふり、手早く卵を戻してからめ、しょうゆ小さじ１を加えて(甘みの足りないトマトの場合は砂糖少々を隠し味に加える)いため上げる。すぐに器に盛り、あればちぎった香菜を添える。

(大久保)

フワフワ卵の野菜あん

半熟にいためた卵にトロリと野菜あんをかけて。ご飯にかけてもおいしい。

材料(4人分)

卵……6コ
赤ピーマン……1コ
絹さや……10枚
生しいたけ……3〜4枚
しょうが……1かけ

オイスターソース……大さじ½
顆粒チキンスープの素(中国風)……小さじ1
酒……大さじ1
塩・砂糖・しょうゆ……各小さじ¼
水……カップ½

●ごま油・かたくり粉・塩・こしょう・サラダ油

E200kcal　T20分

1 赤ピーマンはヘタと種を取り、絹さやは筋を除き、生しいたけは石づきを落とし、それぞれ細切りにする。しょうがは皮をこそげてせん切りにする。

2 小なべを熱してごま油大さじ½をひき、①の野菜をサッといため、カッコ内の材料を加えて軽く煮る。かたくり粉少々を同量の水で溶いて加え、薄くとろみをつける。

3 卵を溶きほぐし、軽く塩、こしょうする。

4 フライパンを熱してサラダ油大さじ2をなじませ、卵液を流し入れて強火で大きくいため、半熟になったら器にとる。これに②の野菜あんをかける。　(舘野)

うなぎと卵のいため物

うなぎは温めておき、強火で手早くがおいしくつくるポイント。

材料(4人分)

卵……8コ

うなぎのかば焼き(市販)

……2くし(200g)

●砂糖・塩・サラダ油・酒

E400kcal　T5分

1 うなぎのかば焼きはくしをはずし、電子レンジ(600W)に約１分かけて温め、２㎝幅に切る。

2 卵を溶きほぐし、砂糖・塩各小さじ½を加えて混ぜる。

3 中華なべを熱してサラダ油大さじ４をなじませ、卵液を流し入れて強火で大きく混ぜ、半熟にいためる。うなぎを加えて酒大さじ２をふり、手早くいため合わせてすぐに器に盛る。　(波多野)

アスパラと卵のいため物

グリーンアスパラのおいしい季節に、卵とのシンプルないため物を。

材料(４人分)

卵……４コ

グリーンアスパラガス……400g

●塩・サラダ油

E210kcal　T10分

1 アスパラガスは根元の堅い皮を皮むき器でむき、４～５㎝長さに切る。水につけてシャキッとさせ、水けをきる。卵は溶きほぐし、塩小さじ⅓を加えて混ぜる。

2 中華なべを熱してサラダ油大さじ２をなじませ、中火にして卵液を流し入れ、はしで軽く混ぜる。下のほうが固まってきたらへらで大きく返しながら一口大にほぐし、取り出す。

3 中華なべをサッとふいてサラダ油大さじ２強を熱し、アスパラガスを入れて塩小さじ１をふり、油が回るまでいためる。水大さじ３～４を入れてさらにいため、アスパラガスをへらで押して弾力を感じるくらいに火が通ったら、卵を戻し入れてサッといため合わせる。

メモ　卵を戻し入れるとき、中華なべに水けが残っていたら水けをきる。

(臼田)

春菊とキムチの卵いため

キムチのうまみがあるので、味つけは塩、こしょうだけと簡単です。

材料(4人分)

卵……6コ

春菊……100g

白菜キムチ(市販)……100g

●塩・こしょう・サラダ油・ごま油

E210kcal　T10分

1 春菊は堅い茎を除いてザク切りにする。白菜キムチは幅を2～3等分に切ってからザク切りにする。

2 卵は溶きほぐし、塩小さじ$\frac{2}{3}$、こしょう少々を加えて混ぜる。

3 中華なべを熱してサラダ油大さじ2とごま油大さじ1をなじませ、春菊と白菜キムチを加えてサッといためる。卵液を一気に流し入れて大きくいため合わせ、卵に火が通ったらすぐに器に盛る。　(瀬尾)

★献立の一品★

たことセロリのにんにくみそあえ

材料(4人分)

ゆでだこの足……150g

セロリ……1本

にんにくみそ

- にんにく……$\frac{1}{2}$かけ
- みそ……大さじ1$\frac{1}{2}$～2
- 酢……小さじ1
- 砂糖……小さじ$\frac{1}{2}$

●塩

E60kcal　T10分

1 たこは7～8mm厚さに切る。セロリは筋を除いて縦半分に切り、小口から7～8mm幅の斜め切りにし、塩少々をからめておく。

2 にんにくはすりおろし、みそ、酢、砂糖と混ぜ合わせる。

3 セロリの水けをふき、たこと合わせてにんにくみそであえる。あればセロリの葉をあしらって器に盛る。

(今吉)

茶碗《わん》蒸し

定番の家庭料理ですが、蒸し器を使わない直《じか》蒸しの方法です。

材料(4人分)

卵……(大)2コ

だし……カップ2
塩……小さじ½
酒……小さじ1
みりん……小さじ1
うす口しょうゆ……小さじ1

鶏ささ身……80g
えび(無頭)……4匹
生しいたけ……4枚
みつば……8～9本
ぎんなん……8コ
●酒・うす口しょうゆ・塩

E100kcal　T25分

1 鶏ささ身は筋を除き、一口大のそぎ切りにして酒・うす口しょうゆ各少々をからめて下味をつける。えびは背ワタを抜き、尾と一節を残して殻をむき、丸めて尾のとがった部分を身に刺す。

2 生しいたけは石づきを取り、かさを十文字にV字に切り取る。みつばは3～4cm長さに切る。ぎんなんは殻を取り、なべにヒタヒタの熱湯と塩少々とともに入れ、玉じゃくしの背で転がしながら2～3分間ゆで、水にとって残った薄皮を取り除く。

3 ボウルに卵を溶きほぐし、カッコ内のだしと調味料を合わせたものを加えて混ぜ(写真❶)、茶こしなどでこす(写真❷)。

4 耐熱性の器4コにささ身を重ならないように入れ、その上にえび、しいたけ、軽くつぶしたぎんなんを入れる。卵液を器の七分《ぶん》目まで注ぎ、表面の泡をすくい取る。

だしと調味料を合わせたものを溶き卵に加え、なるべく泡を立てないように混ぜる。

茶こしなどでこすと、黄身と白身がよく混ざり、なめらかな口当たりに仕上がる。

なべの底から1～1.5cm高さに水を注いで蒸す直蒸し。蒸し器がなくても蒸し物ができる。

真ん中あたりの卵に竹ぐしを刺して、澄んだ汁が出たら蒸し上がっている。

5 なべに④を入れ、水をなべの底から1～1.5cm高さまで注ぎ(写真❸)、なべのふたをして強火にかける。沸騰したらごく弱火にし、8～10分間蒸す。茶碗蒸しの中心に竹ぐしを刺して(写真❹)澄んだ汁が出れば蒸し上がり。仕上げにみつばをのせ、器のふたをしてすすめる。　(清水)

豆乳茶碗蒸し

豆乳とスープで卵を溶いた茶碗蒸しは、ほのぼのとやさしい味がします。

材料(4人分)

卵……2コ

豆乳……カップ1

スープ(チキンスープの素を表示どおりに湯で溶く)……カップ1

まいたけ……½パック

あん

- えび(無頭)……3匹
- ぎんなん(ゆでて薄皮をむく)……10コ
- スープ(チキンスープの素を表示どおりに湯で溶く)……カップ1
- 塩・こしょう……各少々
- くず粉(またはかたくり粉)……小さじ1⅔(水大さじ1で溶く)

●塩

E90kcal　T25分

1 ボウルに卵を溶き、豆乳、チキンスープ、塩少々を加えて混ぜる。

2 まいたけは石づきを取って食べやすい大きさに切り、耐熱性の器4コに等分に入れる。

3 ②に①の卵液を注ぎ、蒸気の上がった蒸し器に入れ、強火で1分間、弱火で約10分間蒸す。

4 あんをつくる。えびは殻と背ワタを取り、粗みじん切りにする。ゆでたぎんなんも粗みじん切りにする。なべにチキンスープを温め、えびを入れてアクを取りながら火を通し、ぎんなんを加えて塩、こしょうで味を調え、水溶きしたくず粉でとろみをつける。

5 ③にあんをかけ、あればセルフィーユをちぎって散らす。　(加藤)

はまぐり入り洋風空也《くうや》蒸し

空也蒸しは豆腐入り茶碗蒸しのこと。洋風仕立てにしてトマト味を添えて。

材料(4人分)

卵……2コ
牛乳……カップ½
はまぐり(砂を吐かせたもの)
……(小)12～16コ
白ワイン……大さじ2
固形スープの素……1コ
豆腐(絹)……⅔丁
ミニトマト……(小)1パック
┌うす口しょうゆ……小さじ⅔
│塩・こしょう……各少々
│エクストラバージンオリーブ油
└……小さじ1
あさつき(小口切り)……少々
●塩

E120kcal　T30分

1 はまぐりはよく洗ってなべに入れ、白ワイン、水カップ⅔、ほぐした固形スープの素を加え、ふたをして強火にかける。貝の口が開いたら火を止め、貝を取り出し、スープはこして冷ます。

2 ミニトマトはヘタを取って6～8等分に切り、カッコ内の材料を加えて味をなじませておく。

3 ①のスープに牛乳、溶いた卵、塩少々を加えて混ぜ、静かにこす。

4 耐熱性の器4コに4等分した豆腐とはまぐりを入れ(殻は適宜はずしてもよい)、③を注ぐ。蒸気の上がった蒸し器に入れ、強火で2分間、弱火で18～20分間蒸し、②とあさつきをかける。(塩田)

ひき肉入り鉢蒸し

なべで直《じか》蒸しにする手軽な鉢蒸し。おかずになるひき肉入りです。

材料(4人分)

卵……4コ
昆布茶(熱湯大さじ1で溶く)
……小さじ½
牛ひき肉(赤身)……50g
　しょうゆ……大さじ½
　砂糖……小さじ1
　みりん・酒……各小さじ¼
　にんにく(すりおろす)……少々
　すりごま(白)……小さじ½
　こしょう……少々
　ごま油……小さじ⅔
細ねぎ(小口切り)……大さじ2
●粗塩・しょうゆ

E120kcal　T20分

1 牛ひき肉にカッコ内の材料を加えて混ぜ、下味をつける。

2 ボウルに卵を溶きほぐし、昆布茶、水カップ1、粗塩小さじ½、しょうゆ小さじ⅔を加えて混ぜ、こし器でこす。

3 耐熱性の器に②の卵液を入れ、①のひき肉をほぐしながら加え、細ねぎを散らす。アルミ箔《はく》をかぶせてふたをする。

4 ③の器が入るなべに水を2～3cm深さに入れ、沸騰したら③を入れてなべのふたをし、中火で3分間蒸す。次にふたを少しずらして弱火にし、約8分間蒸す。竹ぐしを刺して澄んだ汁が出たら火が通っている。あれば糸とうがらしをのせる。（蔡）

きのことほうれんそうのココット蒸し

ココット型を使い電子レンジで火を通す、簡単スピード料理。

材料(４人分)

卵……4コ

ほうれんそう……120g

しめじ……$\frac{2}{3}$パック

トマトソース(市販)……大さじ8

●しょうゆ

E100kcal　T10分

1 ほうれんそうは洗って耐熱皿にのせ、ラップをして電子レンジ(500W)に１分30秒間ほどかける。すぐに冷水にさらし、水けをよく絞る。しめじは石づきを取り、小房に分ける。

2 ココット型にトマトソースを等分に敷き、ほうれんそう、しめじを分け入れ、真ん中をくぼませて卵を１コずつ割り入れる。

3 卵黄が爆発しないように、竹ぐしで３～４か所刺して穴をあけ、ラップをして電子レンジの弱に４分間ほどかける。しょうゆ小さじ１ずつをかけ、混ぜて食べる。　(中村)

フランス風茶碗蒸し

卵黄を多めに使った、プルンとしっかりめの口当たりの茶碗蒸し。

材料(４人分)

卵……4コ

卵黄……2コ分

スープ(チキンスープの素を表示どおりに湯で溶く)……約520mℓ(溶き卵の2倍量)

野菜あん

- にんじん……(小)1本
- さやいんげん……6本
- かぶ……1コ
- トマト……(小)1コ
- スープ(チキンスープの素を表示どおりに湯で溶く)……カップ1
- 塩……小さじ½弱
- こしょう……少々
- コーンスターチ……大さじ1弱(水大さじ2で溶く)

●塩・こしょう

E140kcal　T25分

1 早く火を通すためにスープは温かくしておいて使う。

2 電子レンジは周囲に火が通りやすいので、中央だけ穴をあけたアルミ箔をかぶせ、均一に火が通るようにする。

3 茶碗蒸しの生地が堅めなので、とろみはゆるめにつけたほうが合う。

1 チキンスープをひと煮立ちさせて塩・こしょう各少々で味を調え、火から下ろす。あればセルフィーユの葉少々を入れてふたをし、そのまま10分間おいて香りをつける。

2 ボウルに卵と卵黄を溶きほぐし、①の温かいスープを加えて混ぜ(写真❶)、こし器でこす。耐熱性の器に六～七分《ぶん》目になるように入れ、ラップをかけ、中央に穴をあけたアルミ箔《はく》をかぶせる(写真❷)。

3 ②を電子レンジ(500W)に３分間かけ、１分間ほどそのままおく。今度は電子レンジの弱または解凍機能(200～300W)に３分30秒間かけ、約１分間ほどそのままおく。再び弱に３分30秒間かけ、そのままおく。

4 野菜あんをつくる。にんじん、さやいんげんは１cm角に切る。かぶは茎を少し残し、縦８等分に切る。トマトは皮と種を除き、７mm角に切る。

5 なべにチキンスープとにんじんを入れて煮立て、さやいんげん、かぶを加えて柔らかく煮る。塩、こしょうで味を調え、水溶きコーンスターチでゆるめにとろみをつけ(写真❸)、トマトを加えて温める。③にかけ、あればセルフィーユを散らす。　(脇)

卵豆腐のえびあんかけ

茶碗蒸し風の卵豆腐。温かいままでも冷たくしてもおいしい。

材料(4人分)

卵……6コ

だし……カップ1¾

えびあん

- えび(無頭)……200g
- きくらげ(戻す)……10g
- みつば……½ワ
- 酒……大さじ2
- だし……カップ1
- うす口しょうゆ……小さじ2
- みりん……小さじ1
- 塩……小さじ⅕
- かたくり粉……小さじ1～1½（同量の水で溶く）

しょうが(すりおろす)……適宜

●塩・うす口しょうゆ・みりん

E190kcal　T35分

1 卵を溶くときもだしを加えるときも、泡を立てないように菜ばしを真っすぐ立てて動かすようにするとよい。

2 えびを酒いりするときは菜ばし4～5本を使うとやりやすい。酒いりすることでえびの生臭さが取れる。

1 ボウルに卵は溶きほぐす。だしに塩小さじ⅔、うす口しょうゆ・みりん各小さじ２を加えて塩が溶けるまで混ぜ、溶き卵に加えて混ぜ合わせ(写真❶)、こし器で静かにこす。

2 耐熱性の器４コに①を分け入れ、蒸気の上がった蒸し器に入れて強火で１～２分間蒸す。ふたをずらして弱火にし、さらに20～25分間蒸す。

3 えびあんをつくる。えびは塩水で洗って背ワタと殻を除き、包丁で細かくたたく。戻したきくらげは石づきを取り、細切りにする。みつばは小口切りにする。

4 小なべにえびと酒を入れて中火にかけ、菜ばしで混ぜながら火を通し(写真❷)、だしを加えて煮立ったらアクを取る。きくらげを加え、うす口しょうゆ、みりん、塩で味を調え、水溶きかたくり粉でとろみをつけ、みつばを加える。

5 ②にえびあんをかけ、おろししょうがをのせ、あればみつばの葉を添える。　(田口)

鶏ひき肉入り茶碗蒸し

大鉢蒸しは見た目が豪華。時間がたつと水けが出るので蒸したてを食べましょう。

材料(4人分)

卵……3コ
顆粒チキンスープの素(中国風)
　小さじ1＋湯……カップ2
鶏ひき肉……100g
小松菜……½ワ
辛みだれ
- 赤とうがらし……3～4本
- サラダ油……大さじ2
- しょうゆ……大さじ1½
- 酒……大さじ1
- 酢……大さじ½

ごまだれ
- すりごま(白)……大さじ1
- しょうゆ……大さじ2
- 酒・ごま油……各大さじ1
- 酢……小さじ1

●サラダ油・こしょう・酒・塩

E260kcal　T30分

1 鶏ひき肉はサラダ油大さじ1でいため(写真❶)、色が変わったらこしょう少々、酒大さじ1を加え、水けがしっかりとぶまでいためて冷ます。

2 小松菜は熱湯でサッとゆで、冷水にとって冷まし、水けを絞って細かく刻む。

3 ボウルに卵を溶きほぐし、チキンスープ、酒大さじ1を加えて混ぜる。

4 耐熱性の器に①～③を入れて全体を混ぜ、塩小さじ⅓で味を調える。蒸気の上がった蒸し器に入れ(写真❷)、弱めの中火で15～20分間蒸す。

5 たれをつくる。辛みだれの赤とうがらしは種を除いて粗みじん切りにし、サラダ油でいためて香りを出し、しょうゆ、酒、酢を加えて煮立てる。ごまだれはすべての材料を混ぜ合わせる。

6 蒸したてを器にとり、好みのたれをかけて食べる。　(ウー)

鶏ひき肉はパラパラにほぐれるようにいため、色が変わったら調味料を加えて水けがとぶまでいためる。

必ず蒸気の上がっている蒸し器に入れる。火が強すぎるとすが立つので、弱めの中火を保って蒸す。

イタリア風目玉焼き

シンプルなトマトソースにチーズと卵。味つけは控えめにして素材のうまみを味わいます。

材料(4人分)

卵……4コ
トマトの水煮(缶詰。ホール)
……(つぶして)大さじ4
グリーンアスパラガス……6本
モッツァレラチーズ……100g
パルメザンチーズ(すりおろす)
……大さじ3
●塩・こしょう・オリーブ油

E180kcal　T15分

トマトの水煮に薄く味をつけたシンプルなソースが、チーズや卵のうまみを引き立てる。

ソースの上にアスパラガスを並べ、モッツァレラチーズをのせる。

卵を割り入れてパルメザンチーズをふり、直火で煮立ててからオーブンで焼き上げる。

1 トマトの水煮は手でつぶし、塩・こしょう各少々、オリーブ油小さじ1を混ぜる。

2 アスパラガスは根元の堅い皮をむき、熱湯で色よくゆで、水けをきって斜め薄切りにする。

3 オーブン対応のフライパン、または耐熱容器にオリーブ油少々をなじませ、①のソースを敷き(写真❶)、アスパラガスを並べ、モッツァレラチーズをちぎって散らす(写真❷)。その上に卵を割り入れ、塩一つまみとパルメザンチーズをふる(写真❸)。

4 ③を火にかけ、フツフツと煮立ってきたらすぐに火を止める。フライパンごと180℃のオーブン、またはオーブントースターに入れ、卵が半熟になるまで3～4分間焼く。(落合)

卵とねぎのグラタン

旬のねぎは甘く柔らかで洋野菜のポワローに似た風味。卵は半熟に仕上げるとおいしい。

材料(4人分)

卵……(大)4コ
ねぎ……(太)3～4本
ソース
- バター……20g
- 小麦粉……20g
- 牛乳……カップ2
- 塩……小さじ½
- こしょう・カレー粉……各少々

●バター・塩・こしょう

E280kcal　T25分

1 ねぎは縦半分に割り、2cm長さに切る。フライパンにバター大さじ2を溶かし、ねぎをしんなりするまでいため、軽く塩、こしょうをふる。

2 ソースをつくる。なべにバターを溶かし、小麦粉をふり入れて弱火でいため、粉っぽさがなくなったら牛乳を少しずつ加えてのばし、塩、こしょうを加えて混ぜながら煮詰める。とろみがついたらカレー粉を加えてよく混ぜる。

3 グラタン皿にねぎを並べ入れ、ところどころにすき間をあけて卵を割り入れ、上から②のソースをかける。

4 200℃のオーブンの上段に入れ、表面に薄く焼き色がつくまで約10分間焼く。

メモ　好みで粉チーズ適宜をふって焼いてもおいしい。　(望月)

卵とレタスのグラタン

クリーミーなソース、柔らかな卵、シャキシャキレタスの食感の違いがおいしい。

材料(4人分)

ゆで卵……4コ
レタス……(小)1コ
ベーコン(薄切り)……3枚
ソース
- たまねぎ……(小)½コ
- バター……大さじ2½
- 小麦粉……大さじ3～4
- 牛乳……カップ2½
- 塩……小さじ½強
- こしょう……少々
- 白ワイン……大さじ1

粉チーズ……大さじ4
●バター

E390kcal　T30分

1 ゆで卵は殻をむいて5～6mm厚さの輪切りにする。ベーコンは3cm幅に切り、たまねぎは薄切りにする。

2 レタスは1枚ずつはがしてサッとゆで、食べやすくちぎる。あとの湯でベーコンをサッとゆでて脂抜きし、水けをきる。

3 ソースをつくる。フライパンにバターを溶かし、たまねぎを弱火でしんなりするまでいため、小麦粉をふり入れてさらにいためる。粉っぽさがなくなったら牛乳を少しずつ加えてのばし、混ぜながら軽く煮詰める。とろみがついたら塩、こしょう、白ワインを加える。

4 バターを薄くぬったグラタン皿にソースの⅓量を流し、ゆで卵、レタス、ベーコンを入れる。残りのソースをかけ、粉チーズを全体にふり、バター大さじ1をちぎってところどころにのせる。200℃のオーブンに入れ、表面に香ばしい焼き目がつくまで10～15分間焼く。　(門間)

落とし卵の野菜あん

ゆでる湯に塩と酢を加えておくと、まとまりがよく形のよい落とし卵ができます。

材料(4人分)

卵……4コ

野菜あん

- 干ししいたけ(戻す)……3枚
- 絹さや……10～12枚
- ゆでたけのこ……100g
- にんじん……4～5cm
- ねぎ……1本
- だし……カップ2弱
- 砂糖……小さじ2
- 塩……小さじ½弱
- みりん……大さじ1⅓
- しょうゆ……大さじ2½
- かたくり粉……大さじ1½
  (倍量の水で溶く)

●酢・塩

E140kcal　T30分*

*干ししいたけを戻す時間は含まれない。

1 湯カップ4に酢大さじ2～3、塩小さじ½を加えて静かに煮立つ火加減にする。卵を1コずつ小さな器に割り入れてから湯にそっと落とし入れ、スプーンなどで白身を黄身にかぶせながらゆでる。半熟になったら取り出し、湯に浸して温めておく。

2 野菜あんをつくる。戻したしいたけ、絹さや、たけのこ、にんじん、ねぎはせん切りにする。なべにだし、しいたけ、たけのこ、にんじんを入れて中火にかけ、煮立ったら砂糖、塩、みりん、しょうゆを加えて弱火で煮る。にんじんに火が通ったら絹さやとねぎを加えてサッと煮、水溶きかたくり粉で軽くとろみをつける。

3 落とし卵の水けをきって器に盛り、②のあんをかける。

★献立の一品★

蒸し帆立てのさんしょう焼き

材料(4人分)

蒸し帆立て貝……8～12コ

たれ

- しょうゆ……大さじ3
- みりん……大さじ3

粉ざんしょう……少々

E140kcal　T10分

1 小なべにたれの材料を合わせて火にかけ、半量になるまで煮詰める。

2 帆立て貝は身の両面に格子状の切り目を入れ、焼き網、またはグリルに並べて両面に軽く焼き目をつける。たれをはけでぬり、乾かす程度に焼く。これを両面に1～2回繰り返して香ばしく焼き上げる。

3 焼きたてに粉ざんしょうをふり、あれば木の芽を添えて盛る。

(以上門間)

ポーチドエッグのサラダ

卵、ベーコン、カリカリトーストのボリュームサラダ。休日のブランチにどうぞ。

材料(4人分)

卵……4コ
白ワインビネガー……大さじ2⅓
ベーコン(塊)……75g
バゲット……(5㎜厚さ)4枚
サニーレタス・グリーンカール……各3枚
トレビス……1枚
新たまねぎ……½コ
ドレッシング
- 赤ワインビネガー……小さじ1
- フレンチマスタード……小さじ1
- 塩……小さじ⅓
- こしょう……少々
- サラダ油……大さじ2強

●サラダ油

E250kcal　T15分

1 直径18㎝のなべに湯カップ3½と白ワインビネガーを入れて煮立てる。卵を1コずつ器に割り入れてから湯に落とし入れ、途中で裏返して3分間ゆで、冷水にとって冷ます。

2 ベーコンは7㎜角の棒状に切り、サラダ油小さじ2でこんがりいためて脂をきる。バゲットはトースターでカリッと焼き、小さく割る。サニーレタス、グリーンカール、トレビスは食べやすくちぎる。新たまねぎは薄切りにする。

3 ボウルにドレッシングの材料を順に入れてよく混ぜ、サニーレタス、グリーンカール、トレビスをあえる。

4 ③を器に盛り、新たまねぎ、ベーコン、パンを散らし、①の卵の水けをよくきってのせる。　(脇)

卵の信田きんちゃく煮

油揚げの袋に卵を割り入れ、だしでふっくら煮含めます。

材料(4人分)

卵……4コ

油揚げ……2枚

かんぴょう(18cm長さ)……4本

煮汁

- だし……カップ1½
- 酒……大さじ2
- 砂糖……大さじ2
- みりん……大さじ1
- しょうゆ……大さじ2弱

菜の花……適宜

●塩

E180kcal　T20分

1 かんぴょうは塩少々をまぶしてもみ、水で洗う。油揚げは開きやすくするためにめん棒で軽くのし、熱湯をかけて油抜きし、横半分に切って袋状に開く。

2 卵を1コずつ油揚げの袋に入れ、口をかんぴょうで結ぶ。

3 なべに煮汁の材料を合わせて中火にかけ、②を入れて12〜13分間煮含める。

4 菜の花は熱湯で色よくゆで、水にとって冷まし、水けを絞って食べやすく切る。

5 ③を縦半分に切って器に盛り、菜の花を添える。　(松本)

半月卵の甘酢あん煮

目玉焼きを半分に折って焼く半月卵を、甘酢あんでサッと煮ます。

材料(4人分)

卵……8コ

甘酢あん

- 酢……大さじ2
- しょうゆ……大さじ2
- 砂糖……大さじ2
- 水……カップ½
- かたくり粉……小さじ2
  (水大さじ1で溶く)

●サラダ油

E250kcal　T15分

1 フライパンにサラダ油大さじ2～3を熱し、卵を1コずつ間隔をあけて割り入れる。白身が固まらないうちに片端の白身を黄身にかぶせるようにして2つに折り、くっついたら裏返し、黄身が半熟になる程度に焼いて取り出す。

2 フライパンをきれいにして卵を戻し入れ、水溶きかたくり粉以外の甘酢あんの材料を加えて煮立て、水溶きかたくり粉でとろみをつける。

3 甘酢あんごと器に盛り、あればみつば適量をザク切りにして散らす。

★献立の一品★

切り干し大根とひじきのサラダ

材料(4人分)

切り干し大根(乾)……40g

ひじき(乾)……5g

ハム(薄切り)……100g

スライスチーズ……2枚

みつば……½ワ

- 酢……カップ½
- 砂糖……大さじ2
- 塩……小さじ½
- しょうゆ……小さじ1
- こしょう……少々

E140kcal　T15分*

*切り干し大根、ひじきを戻す時間は含まれない。

1 ひじきはたっぷりの水に15～20分間つけて戻し、熱湯にサッとくぐらせてざるに上げ、広げて冷ます。

2 切り干し大根はサッと洗い、かぶるくらいの水に10～15分間つけて戻し、水けをギュッと絞る。

3 ハムとチーズは細切りにし、みつばは4～5cm長さに切る。

4 カッコ内の材料を合わせ、①～③をあえる。

(以上瀬尾)

豚肉とゆで卵のしょうゆ煮

ゆで卵とじゃがいもは火を止めてから加え、冷めるまでおいて味を含ませます。

材料(4人分)

豚ロース肉(塊)……400～500g

- ねぎ(青い部分。たたきつぶす)……1本分
- しょうが……1かけ
- 砂糖……大さじ1
- 酒……大さじ2
- しょうゆ……カップ½
- 水……カップ1
- 八角……1コ

ゆで卵……(小)2コ

じゃがいも……1コ

E390kcal　T45分*

*味を含ませる時間は含まれない。

1 豚肉は深なべに入れ、カッコ内の材料を加え、紙ぶたまたはアルミ箔《はく》をかぶせて中火にかける。煮立ったら弱火にし、時々上下を返しながら、竹ぐしがスッと通るくらい柔らかくなるまで30～40分間煮る。

2 ゆで卵は殻をむく。じゃがいもは皮をむいて一口大に切り、水に軽くさらし、水けをきってラップで包み、電子レンジ(500W)に5分間ほどかけて柔らかくする。

3 ①の火を止め、煮汁にゆで卵とじゃがいもを加え、そのまま冷めるまでおいて味を含ませる。

4 豚肉は薄切りにし、ゆで卵は4つに切り、じゃがいもと盛り合わせて煮汁をかける。煮汁の味が濃すぎる場合は水少々で薄めるとよい。好みで溶きがらしをつけて食べる。

メモ　1日1回火を入れると4～5日間はもつので、倍量をまとめづくりしてもよい。　(望月)

ゆで卵とたけのこの上海風煮込み

手羽先のうまみが出たこってり味。こしょうをピリッときかせて味を引きしめます。

材料(4人分)

卵……(小)4コ
ゆでたけのこ……200g
鶏手羽先……8本
しょうが……1かけ
ねぎ……3cm
酒……大さじ4
しょうゆ……大さじ$2\frac{1}{2}$
ざらめ(または砂糖)
……大さじ$1\frac{1}{2}$
水……カップ3

●しょうゆ・サラダ油・かたくり粉・こしょう

E280kcal　T35分

1 卵は水から入れ、沸騰後弱火にして約12分間ゆで、水にとって冷まし、殻をむく。

2 手羽先は先端を切り落とし、しょうゆ少々をまぶす。たけのこは手羽先と同じ大きさの乱切りにし、しょうがは薄切りにする。

3 中華なべにサラダ油小さじ2を熱して手羽先を並べ入れ、強火で両面をこんがり焼きつける。

4 ③にねぎとしょうがを加えて香りよくいため、カッコ内の材料を加える。煮立ったらたけのこを加え、中火で煮汁が半量になるまで煮る。

5 ④にゆで卵を加え、さらに煮汁が$\frac{1}{5}$量ほどになるまで煮込む。かたくり粉小さじ2を同量の水で溶いて加え、仕上げにこしょう少々をふる。

6 器に盛り、あれば木の芽を刻んで散らす。　(西部)

鶏レバーとゆで卵のウスターソース煮

ウスターソースの風味でレバーのクセも消え、深みのある味に仕上がります。

材料(4人分)

鶏レバー……500g
卵……4コ
しょうが(薄切り)……4～6枚
煮汁
- ウスターソース……カップ1½
- 酢……カップ½

●酢・酒

E330kcal　T30分*

*味をなじませる時間は含まれない。

1 鶏レバーは流水できれいに洗って水につけ、濁りがなくなるまで水を取りかえながらさらす。

2 卵は室温に戻し、酢少々を加えた水に入れて火にかける。沸騰後弱火にして6分間ゆで、水にとって冷まし、殻をむく。

3 鶏レバーの水けをきり、しょうがの半量と酒大さじ2を入れた熱湯でサッとゆでて水けをきる。

4 なべに煮汁の材料を入れて中火にかけ、煮立ったら鶏レバー、残りのしょうが、ゆで卵を入れ、時々混ぜながら約10分間煮る。火を止め、そのまま15分間ほどおいて味をなじませる。

5 鶏レバーとゆで卵を食べやすく切り、あればサラダ菜2～3枚を器に敷いて盛りつける。好みで溶きがらしを添える。

メモ　煮汁につけたまま冷蔵庫で2日間ほど保存できる。

★献立の一品★

新じゃがいものすり流し汁

材料(4人分)

新じゃがいも……200g
生しいたけ……2枚
みつば……適宜
だし……カップ3

●うす口しょうゆ・塩

E45kcal　T20分

1 新じゃがいもは皮をたわしでこすり落としてきれいに洗う。生しいたけは石づきを除いて薄切りにし、みつばはザク切りにする。

2 新じゃがいもをすりおろし、なべに入れてだしを加え、中火にかけてゆっくりと混ぜながら煮る。とろみがついたらうす口しょうゆ小さじ1、塩小さじ⅔で味を調え、生しいたけを加えてひと煮立ちさせる。

3 器に盛り、みつばを散らす。

(以上村田)

ゆで卵の磯辺揚げ

ゆで卵にしょうゆで下味をつけ、磯の香りの衣をつけて揚げます。

材料(4人分)

固ゆで卵……4コ

衣

- 卵黄……1コ分
- 水……カップ½
- 小麦粉……カップ½
- かたくり粉……大さじ1
- 青のり粉……少々

●しょうゆ・揚げ油・塩

E230kcal　T25分*

＊ゆで卵にしょうゆをしみ込ませる時間は含まれない。

1 ゆで卵は殻をむき、しょうゆ少々をまぶして色がしみ込むまでおき、縦半分に切る。

2 衣をつくる。卵黄に水を加えて溶き混ぜ、小麦粉、かたくり粉、青のり粉をふり入れ、粘りを出さないようにサックリ混ぜる。

3 揚げ油を170℃に熱し、①のゆで卵に衣をつけて入れ、カラリと揚げて油をきる。

4 器に盛り、塩、またはしょうゆを添える。　(瀬尾)

ゆで卵のコロッケ

ゆで卵の中身はホワイトソース味の具！　具もなべ一つで簡単につくれます。

材料(4人分)

卵……(小)8コ

- 鶏ひき肉……100g
- たまねぎ(みじん切り)……½コ分
- バター……大さじ3
- 塩……小さじ½
- こしょう……少々
- 小麦粉……大さじ3
- 牛乳……カップ1½

衣

- 小麦粉……適宜
- 溶き卵……1コ分
- パン粉(細かいもの)……適宜

●揚げ油

E510kcal　T30分*

*具を冷ます時間は含まれない。

1 卵は水から入れ、煮立ったら卵黄が片寄らないように混ぜながら固ゆでにし、水にとって冷まし、殻をむく。

2 なべにカッコ内のバター大さじ1を溶かしてたまねぎ、鶏ひき肉を順にいためる。パラパラになったら塩、こしょうをふり、残りのバターを足して溶かし、小麦粉をふり入れていためる。粉っぽさがなくなったら牛乳を少しずつ加えてのばし、混ぜながら軽く煮詰めてバットにあける。

3 ゆで卵を横半分に切り、黄身を取り出して②に加え、フォークでつぶしながら混ぜる。冷めたら8等分して白身のケースに詰め、切り口を合わせて元の卵の形にし、小麦粉、溶き卵、パン粉の順に衣をつける。

4 揚げ油を170℃に熱して③を入れ、きつね色にカラッと揚げて油をきる。好みでライムを添える。　(石原明)

錦糸卵の和風サラダ

錦糸卵に白、赤、緑の和野菜を取り合わせて彩りも華やか。

材料(4人分)

卵……2コ
大根……300g
ラディッシュ……3コ
にんじん……少々
水菜……7〜8本
和風ドレッシング
- 溶きがらし……大さじ½
- 塩……小さじ⅓
- うす口しょうゆ……大さじ1½
- だし……大さじ6
- 酢……大さじ3

●塩・サラダ油

E80kcal　T20分

1 薄焼き卵をつくる。卵は溶きほぐして塩少々を混ぜ、金ざるなどでこす。フライパンを熱してサラダ油を薄くなじませ、いったん火からはずし、卵液玉じゃくし1杯分を薄く流し入れる(写真❶)。フライパンを傾けて弱火にかざすようにして焼き(写真❷)、卵の表面が固まったら再び火からはずし、裏返して余熱で火を通す(写真❸)。同様にして全部の卵液を焼く。

2 ①の薄焼き卵を半分に切って重ね、端からクルクル巻き、小口から薄く切って錦糸卵にする(写真❹)。

3 大根は皮をむいてごく細いせん切りにし、ラディッシュもせん切りにする。にんじんは皮をむいて薄い短冊切りにする。水菜は3cm長さに切る。以上を氷水に放して約20分間おき、ざるに上げてよく水けをきる。

4 ドレッシングの材料を混ぜ合わせる。

1 火からはずして卵液を入れるとすぐに固まらないのできれいに広げることができる。

2 薄く広げた卵は焦げやすいので、フライパンの縁を火にかざすようにして焼く。

3 卵が固まったら菜ばしでそっと持ち上げて裏返し、フライパンの余熱で火を通す。

4 薄焼き卵は重ねて巻くと切りやすくなり、形がそろった錦糸卵ができる。

5 器に③の野菜を盛って錦糸卵を散らし、あればにんじんと大根の甘酢漬けをあしらい、食べる直前にドレッシングをかける。　(鈴木)

たい入り卵どんぶり

卵は溶きほぐしすぎないようにし、強火で手早くフルフルの半熟に仕上げます。

材料(4人分)

ご飯(温かいもの)
……どんぶり4杯分(800g)
卵……8コ
たい……1切れ
┌だし……240mℓ
│うす口しょうゆ……大さじ2
└みりん……大さじ2
木の芽……適宜

E560kcal　T15分

1 たいは小骨があれば除き、8㎜厚さに切ってから1.5㎝角に切る。

2 2人分ずつ2回に分けてつくる。カッコ内の材料を合わせ、そのうち半量をなべに入れて中火にかけ、煮立ったらたいの半量を入れてサッと煮る。

3 たいに火が通ったら火を強め、卵の半量をざっと溶きほぐして流し入れ、へらで大きく混ぜる。卵がフワッと半熟に固まったらすぐに木の芽を散らして火から下ろし、なべ底にぬれぶきんを当てて粗熱を取る。

4 どんぶりにご飯を盛り、③をのせる。同様にして残りをつくる。(小山)

牛そぼろと卵の混ぜご飯

子どもたちが大好きなホロホロご飯。冷めてもおいしいのでお弁当にもおすすめです。

材料(4人分)

ご飯(温かいもの)
……茶碗山盛り4杯分(800g)

牛そぼろ
- 牛ひき肉……150g
- 砂糖・しょうゆ……各大さじ1½
- 酒……大さじ1
- みりん……大さじ½

いり卵
- 卵……2コ
- 砂糖……小さじ1
- 塩……少々

E490kcal　T15分

1 牛そぼろの材料を小なべに合わせてよく混ぜ、強火にかけて軽くいりつける。肉の色が変わったらボウルにのせたざるにあけてひき肉と煮汁に分ける。煮汁をなべに戻して半量になるまで煮詰め、ひき肉を戻して汁けがなくなるまでいり煮にする。

2 別なべに卵を溶きほぐして砂糖と塩を混ぜ、弱火にかけてはし4～5本でいりつけ、細かないり卵にする。

3 ご飯に①、②を加えてサックリと混ぜる。

(武蔵)

卵あんかけがゆ

米のとぎ汁で炊いたおかゆはふっくらよい香り。やさしい味の卵あんをトロリとかけて。

材料(4人分)

- ご飯……茶碗に軽く4杯分(500g)
- 米のとぎ汁(または水)
  ……カップ2½〜3½

卵あん

- 卵……1コ
- みつば……½ワ
- だし……カップ2
- うす口しょうゆ……大さじ1½
- しょうゆ……小さじ1
- かたくり粉……少々
  (同量の水で溶く)

E240kcal　T15分

1 なべにご飯を入れ、米のとぎ汁を加えてほぐし、中火にかける。煮立ったら弱火にし、時々混ぜながら好みの柔らかさになるまで炊く。途中で水分が足りなくなったらとぎ汁適宜を加える。

2 卵あんをつくる。卵は溶きほぐし、みつばは2cm長さに切る。だしを煮立て、弱火にしてうす口しょうゆとしょうゆで味を調える。再び煮立ったら水溶きかたくり粉で薄くとろみをつけ、卵液を回し入れ、みつばを加えて火を止める。

3 器におかゆを盛り、卵あんをかける。　(久田)

菜の花と卵、じゃこの汁ご飯

カルシウム豊富な菜の花とじゃこを、卵でくるんだヘルシーな汁かけご飯。

材料(4人分)

ご飯(温かいもの)
……茶碗4杯分(600g)
菜の花……1ワ
卵……2コ
ちりめんじゃこ……40g
ねぎ……20㎝
●サラダ油・しょうゆ・酒・かたくり粉・塩・こしょう

E420kcal　T10分

1 菜の花は熱湯でサッとゆでて冷水にとり、水けを絞って長さを半分に切る。ねぎは斜め切りにする。

2 中華なべにサラダ油大さじ1½を熱してねぎをいため、香りが出たらしょうゆ大さじ2¼を加えてひと煮立ちさせ、ちりめんじゃこ、酒大さじ1½、水カップ4を加える。

3 卵は溶きほぐす。かたくり粉大さじ2を倍量の水で溶いておく。

4 ②が煮立ったら菜の花を加え、塩二つまみで味を調え、水溶きかたくり粉を加えて薄くとろみをつける。溶き卵を回し入れ、半熟になったらこしょう少々をふって火を止める。

5 器にご飯を盛り、④をかける。

(ウー)

チーズオムライス

レンジでチンした具をご飯に混ぜ、牛乳入りの柔らかなオムレツで包みます。

材料(４人分)

卵……４コ
牛乳……大さじ2
ご飯(温かいもの)
……茶碗４杯分(600g)
たまねぎ……⅔コ(120g)
ハム(薄切り)……２枚
プロセスチーズ……60g
マッシュルーム(缶詰)……60g
グリンピース(冷凍)……60g
┌トマトケチャップ……大さじ4
│パプリカ……大さじ1
└塩・こしょう……各少々
●塩・こしょう・サラダ油・バター・トマトケチャップ

E510kcal　T30分

1 たまねぎ、ハム、プロセスチーズはそれぞれ5㎜角に切り、マッシュルームは薄切りにする。

2 耐熱容器にたまねぎ、マッシュルーム、グリンピースを入れ、ラップなしで電子レンジ(500W)に２分間かける。

3 ボウルにご飯、②、ハム、プロセスチーズ、カッコ内の材料を加えて混ぜ合わせ、器に盛り分けておく。

4 卵は１人分ずつ焼く。卵１コを溶きほぐし、牛乳大さじ½、塩・こしょう各少々を混ぜる。フライパンにサラダ油・バター各小さじ½を熱し、卵液を一気に流し入れ、薄く広げて焼き、③のご飯にかぶせる。同様にして残りもつくる。

5 ④にケチャップ適宜をかけ、あればイタリアンパセリとミニトマトを添える。　(本多)

★献立の一品★

かぼちゃのポタージュ

材料(４人分)

かぼちゃ……¼コ(正味300g)
固形スープの素……1コ
牛乳……カップ2
生クリーム……カップ¼
細ねぎ(小口切り)……少々
●塩・こしょう

E200kcal　T15分*

＊冷やす時間は含まれない。

1 かぼちゃは種とワタを除き、皮をむいて約２㎝角に切る。なべに水カップ１と砕いた固形スープの素とともに入れ、ふたをして中火で柔らかく煮る。粗熱が取れたら煮汁ごとミキサーにかけてなめらかにする。

2 ①に牛乳を加えてのばし、塩でしっかりめに味を調え、こしょう少々をふり、冷蔵庫で冷やす。

3 ②に生クリームを混ぜて器に盛り、細ねぎを浮かべる。　(石原洋)

中国風オムライス

半熟に焼いた卵を中国風混ぜご飯でサンド。卵とご飯を混ぜながら食べます。

材料(4人分)

卵……(小)8コ
ご飯(温かいもの)
　……どんぶり4杯分(800g)
えび……12匹
生しいたけ……5枚
れんこん……200g
ブロッコリ……(小)1コ
甘ぐり(市販)……(正味)80g
しょうが(みじん切り)……大さじ1
合わせ調味料
- 顆粒チキンスープの素(中国風)……小さじ1
- 水……カップ3/4
- オイスターソース……小さじ1
- 紹興酒(または酒)……大さじ1
- しょうゆ……大さじ1
- 塩……小さじ1

●塩・サラダ油

E700kcal　T20分

1 汁けが残る具にご飯を加え、ご飯粒をつぶさないように切るように混ぜて味を吸わせる。

2 卵は半熟に焼き、器に盛った混ぜご飯の上にすべらせるようにのせる。

1 ブロッコリは粗く刻み、塩少々を加えた熱湯でサッとゆで、水けをきる。

2 えびは殻と背ワタを除き、1㎝幅のブツ切りにする。生しいたけは軸を除き、れんこんは皮をむき、それぞれ7～8㎜角に切る。甘ぐりは皮をむき、粗みじん切りにする。

3 合わせ調味料の材料を混ぜておく。

4 中華なべにサラダ油大さじ1を熱してしょうがをいため、香りが出たらえび、生しいたけ、れんこんを順に加えてサッといため、甘ぐり、ブロッコリ、合わせ調味料を加えてひと煮立ちさせる。

5 ④にご飯を加えて混ぜ合わせる(写真❶)。このうち$\frac{2}{3}$量を器に盛り分け、平らにならしておく。

6 卵は1人分ずつ焼く。卵2コを溶きほぐして塩少々を混ぜ、サラダ油小さじ1強を熱した小さめのフライパンに流し入れ、薄く広げて表面が半熟になるまで焼く。これを⑤のご飯の上にのせ(写真❷)、上に残りの混ぜご飯の$\frac{1}{4}$量をのせてはさむ。残りも同様にしてつくる。　(山本)

小田巻き蒸し

うどん入りの具だくさんの茶碗蒸し。ふたを開けるとフワッと柚子の香り。

材料(4人分)

卵……(大)2コ

- だし……カップ2
- 塩……小さじ⅘
- 酒・みりん……各小さじ2
- うす口しょうゆ……小さじ2

ゆでうどん……2玉

えび……4匹

うなぎのかば焼き(市販)……1くし

かまぼこ……(5㎜厚さ)8枚

生しいたけ……4枚

ほうれんそう……4～6株

柚子《ゆず》の皮……少々

●うす口しょうゆ・酒

E370kcal　T30分

1 ほうれんそうは熱湯で色よくゆでて冷水にとり、水けをギュッと絞る。うす口しょうゆ少々をふりかけてもう一度水けを絞り、3～4㎝長さに切る。

2 えびは尾と一節を残して殻をむき、背ワタを取る。うなぎのかば焼きは一口大に切り、生しいたけはそぎ切りにする。

3 うどんは酒大さじ2、うす口しょうゆ小さじ2をまぶして下味をつける。

4 卵は溶きほぐし、カッコ内の材料をよく混ぜて加え、混ぜ合わせてこし器でこす。

5 器にうどんを入れ、①、②とかまぼこを彩りよくのせ、④の卵液を注ぐ。

6 なべに水を1～1.5㎝深さに入れて⑤を並べ入れ、ふたをして強火にかける。沸騰したらごく弱火にして8～10分間蒸す。中心に竹ぐしを刺して澄んだ汁が出たら蒸し上がり。柚子の皮をのせ、器のふたをして食卓に出す。

(清水)

卵のせピリ辛焼きうどん

キムチの辛みがおいしいビビンバ味。黄身をトロッとくずして混ぜながら食べます。

材料(4人分)

卵……4コ
ゆでうどん……4玉
牛ひき肉……300g
にら……2ワ
もやし……1袋
白菜キムチ(市販)……200g
●サラダ油・ごま油・こしょう・しょうゆ

E670kcal　T20分

1 にらは4～5㎝長さに切り、キムチは食べやすく切る。

2 大きめの中華なべにサラダ油・ごま油各大さじ2を熱し、中火で牛ひき肉をいためる。肉の色が変わったらうどんを加え、強火にして焼き目がつくまでいためる。

3 ②ににらともやしを加えて歯ざわりが残る程度にいためる。こしょうを多めにふり、しょうゆ大さじ4をなべ肌から回し入れて全体を混ぜ、最後にキムチを加えてざっと混ぜる。

4 フライパンにサラダ油少々を熱して卵を割り入れ、ふたをしないで半熟の目玉焼きにする。

5 焼きうどんを器に盛り、目玉焼きをのせる。　(澤)

のりのかきたま汁

卵をフワッときれいに流すコツを覚えましょう。

材料(4人分)

卵……2コ
焼きのり(粗くもむ)……1～2枚
だし……カップ3
●塩・酒・しょうゆ・かたくり粉

E60kcal　T10分

1 卵は溶きほぐし、塩二つまみを加えて混ぜる。

2 なべにだしを煮立てて塩小さじ½～⅔、酒大さじ1、しょうゆ小さじ2を加え、再び煮立ったらかたくり粉大さじ1を倍量の水で溶いて加え、薄くとろみをつける。

3 ②を玉じゃくしでゆっくりかき混ぜて回し、卵液をはしに伝わらせながら細く流し入れる。卵がフワッと固まったらのりを散らして火を止める。

(角田)

小柱のかきたま汁

貝のうまみが出た上品な味わいです。

材料(4人分)

卵……2コ
小柱……60g
みつば……1ワ
だし……カップ3
●塩・うす口しょうゆ

E60kcal　T15分

1 小柱はサッと水洗いして水けをふく。みつばは2㎝長さに切る。

2 なべにだしを温めて塩小さじ1とうす口しょうゆ少々を加え、煮立ったら小柱を加える。再び煮立ったら卵を溶きほぐして回し入れ、フワッと浮いたら火を止めてみつばを加える。

(藤野)

きのこのかきたま汁

シコシコしたきのことフワフワ卵の取り合わせがおいしい。

材料(4人分)

卵……3コ

しめじ……1パック

えのきだけ……1袋

顆粒チキンスープの素(中国風)大さじ1＋湯……カップ3½

●酢・酒・しょうゆ・こしょう

E80kcal　T10分

1 しめじは石づきを除いて小房に分け、えのきだけは石づきを除いて長さを半分に切る。

2 なべにチキンスープを煮立て、しめじとえのきだけを入れて2～3分間煮、酢大さじ2、酒・しょうゆ各大さじ1を加える。

3 卵を溶きほぐして②に細く流し入れ、卵がフワッと固まってきたら火を止め、こしょう少々で味を調える。

(杵島)

焼き卵と春雨のスープ

油で焼いた卵はうまみたっぷり。春雨やきのこも加えた食べごたえのあるスープです。

材料(4人分)

卵……3コ

緑豆春雨(乾)……20g

きくらげ(戻す)……4～5枚

絹さや……8枚

顆粒チキンスープの素(中国風)小さじ1½＋湯……カップ3

●サラダ油・酒・塩・しょうゆ・こしょう

E140kcal　T25分

1 春雨はたっぷりの熱湯に4～5分間つけて戻し、水けをきって食べやすい長さに切る。

2 戻したきくらげは石づきを除いて食べやすく切る。絹さやは筋を取る。

3 中華なべにサラダ油大さじ2を熱し、卵を溶きほぐして一気に流し入れ、玉じゃくしで大きくゆっくり混ぜる。半熟になったら丸く形を整え、両面に薄く焼き色をつける。

4 ③にチキンスープを加え、卵を切るようにくずし、絹さやを加えてサッと煮る。春雨ときくらげも加え、ひと煮立ちしたらアクを取り、酒大さじ1、塩小さじ½、しょうゆ小さじ1、こしょう少々で味を調える。

(尾身)

パンと卵のにんにくスープ

にんにくオイルを吸わせたパンをスープ煮にし、卵でふんわりまとめます。

材料(4人分)

パン(バゲット)……(1㎝厚さ)8枚
卵……1コ
にんにく(みじん切り)……大さじ1
固形スープの素……1コ
パセリ(みじん切り)……少々
●オリーブ油・塩・こしょう

E190kcal　T10分

1 なべにオリーブ油大さじ２とにんにくを入れ、弱火にかけていためる。香りが立ったら火を強めてパンを並べ入れ、油をしみ込ませるようにサッと焼く。

2 ①に水カップ４を注ぎ入れ、スープの素をくずして加え、煮立ったら弱火にして３～４分間煮る。

3 パンが煮くずれてきたら塩小さじ½、こしょう少々で味を調える。静かに煮立つ火加減にし、卵を溶きほぐして回し入れ、フワッと浮いたら火を止める。

4 器に盛り、パセリを散らす。好みでパプリカ少々をふってもおいしい。

(石原洋)

五十音順料理さくいん

料理制作
（敬称略、五十音順）
石原明子
石原洋子
伊藤睦美
今吉みどり
ウー・ウェン
臼田幸世
大久保恵子
落合　務
尾身奈美枝
加藤奈弥
門間和子
上村泰子
河村みち子
杵島直美
河野雅子
小山裕久
澤　雅子
塩田ノア
清水信子
鈴木登紀子
瀬尾幸子
田口成子
舘野鏡子
蔡　淑美
角田典子
内藤のりこ
中村あきこ
西部るみ
波多野須美
久田雅隆
藤野嘉子
本多京子
松田万里子
松本忠子
三村真喜子
武蔵裕子
村田裕子
望月澄江
山本麗子
脇　雅世
渡辺あきこ

料理撮影
青山紀子
大藏俊介
川浦堅至
川上隆二
木村　拓
公文美和
小泉佳春
佐伯義勝
澤　雄司
志民賢市
白根正治
鈴木雅也
中里一曉
中野博安
野口健志
日置武晴
松島　均
山本明義
吉森碩哉

表紙料理制作
大久保恵子

表紙撮影
鈴木雅也

アートディレクション
白水靖子

レイアウト
千場麻代（アクシャルデザイン）

プリンティングコーディネーター
九津見和正、稲川芳雄、篠原恵一
（大日本印刷）

エネルギー計算
㈱カロニック・ダイエット・スタジオ

校正
川島智子

編集協力
成　京子（E・Dセクション）
関たつ子

企画／編集
小林　毅、永野美奈、
多久美　素、長坂美和、高山幸恵

NHKきょうの料理
きょう・すぐ・レシピ 8

卵大活躍！

2004（平成16）年３月15日　第１刷発行

編　者　日本放送出版協会
発行者　松尾　武
発行所　日本放送出版協会
〒150-8081　東京都渋谷区宇田川町41-1
TEL：03-3780-3398（編集）
TEL：03-3780-3339（販売）
http://www.nhk-book.co.jp
振替　00110-1-49701
印刷・製本　大日本印刷株式会社

Printed in Japan
ISBN4-14-033202-6 C2077